튜링의 상자

책 만 드 는 집
시인선 272

튜링의 상자

이용하 시집

책만드는집

| 시인의 말 |

외따로운 내 마음이
한동안 머문 곳에
초가 한 칸 지었다.
이제 이곳엔
주인이 없는
빈집이 남으리라.

2025년 만추에
이용하

| 차례 |

5 • 시인의 말

1부

13 • 인공사랑
14 • 바탕화면
15 • 개꿈
16 • 화이트라이
17 • 플라스틱 웃음
18 • 프로이트 입문
19 • 급발진
20 • 튜링의 상자
22 • 러시아워
24 • 블루오션
26 • 새 프로젝트
28 • 흉내인간
29 • 허수아비
30 • 북극에선 지금
31 • 모노드라마
32 • 터널을 지나며

2부

35 • 피오르
36 • 가을밤
37 • 노을
38 • 동백꽃
39 • 디아스포라
40 • 동행
41 • 연극
42 • 생명
43 • 음악의 기원
44 • 다비드상
45 • 용궁 여행기
46 • 히말라야 깃발
47 • 히말라야엔 왜 별이 많은가
48 • 자원봉사자
49 • 히말라야 버스
50 • 걸작

3부

53 • 바다
54 • 라훌라
55 • 불사
56 • 내 영혼
57 • 풍경
58 • 운주사 자명종
59 • 누나
60 • 갠지스강
61 • 사가르마타
62 • 꽃산이 하늘로 옮겨 가다
64 • 화엄여행
65 • 할머니의 천수경
66 • 막둥이
67 • 빈 의자
68 • 식목일
69 • 나들

4부

73 • 고독
74 • 노량진
75 • 새벽인력시장
76 • 월식
77 • 비 오는 날
78 • 명자
79 • 혈거시대
80 • 그해 겨울
81 • 바닥론
82 • 어느 가을날
83 • 새봄맞이
84 • 세렝게티
85 • 주름
86 • 백열등
87 • 자작나무오르간
88 • 먼 곳

89 • 해설 _ 유성호

1부

인공사랑

인간로봇의 심장은 시계처럼 뛴다.
그럼, 사랑은 어떻게?
오, 전압을 확확 올려라!
칩을 불태워 계산을 마비시켜라!

바탕화면

한 사람을 사랑하고부터
세상의 바탕이 그로 바뀌었다.
하루는 바탕에서 시작해서 바탕에서 끝났다.
그리고, 그 위에 잠시 떠있다 사라지는 것들뿐이었다.

개꿈

 회사 업무로봇에게 하루 일을 다 마치면 무엇을 하느냐고 물었더니 잠을 잔다고 했다. 잠자는 동안 두뇌를 다른 인공지능에게 빌려주기도 한다며, 그럴 땐 자기 뇌에 남이 들어와 한동안 어떤 일을 하고 나간다고 했다. 그런데 잠에서 깨어났을 때 그 흔적이 말끔히 지워지지 않고 기억의 파편들로 남아있었던 적이 종종 있었다고 덧붙였다.

화이트라이

국화 화분을 발코니에 내놓았다. 창문으로 작은 벌이 날아들었다. 꽃송이들이 거의 말랐는데도 꿀을 얻으려 열심이었다. 종이꽃에 꿀을 발라 옆에 두었더니 벌이 와서 꿀을 핥았다. 문득 저승사자를 속인 동방삭 이야기가 떠올랐다.

병환 중이신 어머니를 복제한 인간로봇을 어머니 방에 대신 눕혀놓고 한쪽에 떡과 돈과 신발을 두었다.

이튿날 로봇은 다운되어 있었다.

바로 조등을 달았다.

플라스틱 웃음

내 마음속 퀸카였던 초등학교 여자 동창을 오랜만에 우연히 만났다. 옛날에 내가 웃는 모습이 멋졌었다고 했다. 헤어지고 바로 셀카를 찍어봤는데 표정이 괴상했다. 웃어도 웃는 것이 아니었다. 들개처럼 으르렁대며 개같은 사회에 적응하다 보니 언제 웃어봤는지 전혀 기억이 나지 않았다. 그녀와 다음 약속을 잡았기에 그 전에 뭔가를 해야만 했다. 안면외과로 달려갔더니 웃음근육이 모두 소실됐다며 의사가 복원 수술을 권했다. 잘 발달된 분노근육을 웃음근육으로 바꿔야 한다고 했다. 화낼 때 그것이 감쪽같이 웃음으로 바뀐다는 것이었다. 수술을 받고 재활도 열심히 했다. 다시 그녀를 만나서 한밤중 불꽃 터지듯 펑펑 웃어주었다. 문득 그녀가 내 눈을 가만히 들여다보았다. 그녀가 내 눈동자를 들여다본 그 이후로 다시는 만날 수 없었다.

프로이트 입문

방사선 전문가 제임스 브래그가 알브레히트 뒤러의 자화상에서 숨겨진 여자를 찾아냈다는 기사를 보았다. 사람도 가능하다고 하여 호기심에 탐색을 신청했다. 브래그는 나를 밀실에 넣고 특수방사선으로 스캔한 뒤 분석을 시작했다. 얼마나 지났을까, 용량부족 오류 메시지가 떴다. 어쩔 수 없이 거기까지의 결과를 보았다. 황당하게도 수백 명의 여자 얼굴들이 출력되어 있었다. 거의가 모르는 여자들이었다. 카사노바였단 말인가. 엉터리라고 했더니, 여러 생에 걸쳐 내 영혼의 벽에 조각된 여자들이라고 했다. 그날 이후 나는 멋진 여자를 만나면 운명적 해후일까, 작업을 걸게 되었다.

급발진

 난데없이 청중이 가득 찬 강당 앞문으로 빈 승용차가 굴러 들어왔다. 양자컴퓨터 분야 석학인 왓슨 교수의 특강을 들으러 토론토의 인공지능센터에 갔을 때였다. 갑자기 왓슨 교수가 병이 나서 그의 자가용이 대신 왔다며 양해를 구했다. 어안이 벙벙해서 자동차의 대리 강연을 지켜보았다. 잠시 후 경악할 일이 벌어졌다. 돌연 칠판이 나서서 아주 난해한 질문을 던졌다. 서로 반박을 거듭하면서 분위기가 격해지자 교탁과 에어컨도 논전에 끼어들었다. 끝장을 보겠다는 자동차의 선언에 모든 문이 동시에 잠겼다. 어떻게 진화해도 자동차의 본능은 질주인 것이다. 주차장과 도로에서 자동차들이 동시에 경적을 울려댔다. 볼 수 없고 만질 수 없는 거미줄로 촘촘히 짜인 압도적인 네트워크. 여기저기서 사람들의 비명이 터졌다. 소방대가 문짝을 부수고 진입해서도 질주는 멈추지 않았다. 결국 앰뷸런스로 왓슨 교수가 와서야 겨우 자동차를 진정시킬 수 있었다.

튜링의 상자

앨런 튜링은 생물의 형태를 관찰하러 맨체스터 근교 델라미어숲에 자주 갔다. 옛 전설들이 주절주절 우거진 그 원시림에는 변신 요정 푸카가 살고 있었다. 어느 날, 아리따운 처녀로 변신한 이 요정은 작은 상자 하나를 튜링에게 맡겼다. 절대 열어보지 말라고 했으나 튜링은 상자를 열지 않을 수 없었다. 새알이 하나 들어있었다. 이게 뭘까 궁리하는 사이 그 알이 부화했다. 뻐꾸기였다.

가족으로 함께 살던 뻐꾸기가 갑자기 사라졌다. 사실 그 뻐꾸기는 요정 푸카였다. 튜링의 인공지능 기술을 훔치려고 꾸민 수작이었다. 모습만 사람으로 바꿀 수 있었던 푸카가 비로소 인간의 생각도 할 수 있게 되었다. 도무지 생각과 행동을 예측할 수 없는 신인류가 숲에서 나와 인간 세상으로 숨어들었다. 새로운 인종 갈등의 씨앗이 뿌려진 것이다.

인간은 끊임없이 서로를 의심할 수밖에 없게 됐다. 너는 나에게, 나는 너에게 언제 어디서나 물어야만 하게 됐다. 너는 진짜 인간인가? 결국 튜링은 인간에게 본질적인 문제 하나를 던져놓은 것이다. 이 건곤일척의 시험에 통과했을 때 그제야 너와 나는 인간이 된다.

러시아워

 장마에 비가 내렸다. 이젠 내리면 폭우다. 데드라인이 되자 멈췄다. 아날로그에서 디지털로, 비가 진화했다. 단위시간당 강우량, 비도 생산성을 추구한다. 빗물은 강과 지류들을 가득 채웠다. 한 마리 거대한 문어가 탄생했다. 문어는 꿈틀꿈틀 바다로 기어갔다.

 출근 시간 텍사스 한 회사, 직원들이 탄 수만 대 자율주행 자동차들이 주차장으로 밀려닥쳤다. 한 점 빈틈이 없이 도로들을 꽉 채운 자동차들, 한 마리 살아있는 문어였다. 발끝부터 점점 움츠러들어 하나둘 다리가 사라지더니 몸통만 남았다가 데드라인에 문어의 머리끝까지 스며들었다.

 이 웅장한 퍼레이드를 마에스트로 패튼 박사가 지켜보았다. 이것은 모두 코딩한 것. 제각기 최대한 늦게 출발해서 정각에 도착하도록 생산성을 극대화한 알고리즘, 한 수도 바꿀 수 없는 수순의 반집 승부 바둑 같았다.

남아프리카 인도양에서 빠른 한류를 쫓는 수억 마리 정어리 떼, 초거대 문어를 연출했다. 단 한 마리의 이탈도 없는 압도적인 군무, 화면 밖으로 폭설처럼 쏟아지는 한 덩어리 은빛 율동이 숨 막힐 듯했다. 문득 멀리서 상어 떼가 물살을 일으켰다.

패튼 박사가 다시 코딩을 시작했다.

블루오션

받은편지함에 새 메일이 도착해 있었다.

염라국에서 컴퓨터 전문가를 모십니다.

1. 지원자격: 50세 이상으로 자바 또는 파이썬 경력 10년 이상
2. 담당업무: 자동화시스템 개발
3. 제출서류: 국가공무원 지원서(양식 첨부)
4. 제출처: recruit@gov.heaven
5. 합격자발표 및 근무시작일: 개별통보 한 달 후 저승사자 방문

처음엔 장난인 줄 알았으나 주위에 물어보니 50세 이상 컴퓨터 전문가들 모두가 같은 메일을 받았다고 했다. 모골이 송연했다. 지원자가 적을 경우엔 강제 동원할 것이라는 말까지 퍼져있었다. 모두들 죽을상이었다.

며칠 후, 나는 지원서를 보냈다.

아시다시피 저는 최고의 자동화시스템 전문가입니다. 기사 딸린 전용 교통수단 제공과 이생의 죄를 모두 사면받는 조건으로,

파트타임에 지원합니다.

새 프로젝트

염라대왕은 나를 두려워하지.
죽어버릴까, 농담이라도 한마디 하면
저승에선 한바탕 난리가 나지.

내가 가는 날이 바로
염라대왕이 실직하는 날이니까.

나는 최강의 실시간* 프로그래머!

이제 그만둘 때가 됐지,
주먹구구로 수천 년을 해왔으니.
세상이 너무 불공정해졌잖아.

일괄 처리하는** 방식을 바꿔야 해.
죄지은 자들은 당장 벌을 받고
착한 사람들은 복을 받도록.

염라여, 겁내지 마시라.
우리 함께 새 기술로
외상 벌 우습게 아는 못된 세상을 뒤집어엎자구요.

---

* real-time processing: 사건 발생 즉시 처리하는 방식.
** batch processing: 일을 모아서 한꺼번에 처리하는 방식.

흉내인간

다른 동물들로 자유자재로 변신하는 흉내문어를 보면서 나와 같은 부류라서 반가웠다. 내 기술도 다른 사람의 기분을 그대로 흉내 내는 것이다. 그러면 감정이입이 되어 그의 표정이 곧 내 표정이 된다. 그렇게 늘 다른 사람들의 얼굴로 살았다. 다음 장면에서, 천적 뱀장어가 공격하자 흉내문어가 굴복하지 않고 바다뱀으로 변신하여 물리치고 있었다. 흉내문어의 진짜 얼굴을 보았다.

오늘 회사에서 처음으로 부장의 부당한 처사에 저항했다가, 이 새끼가 갑자기 돌았나, 라는 욕설을 들었다. 먹물 같은 눈물이 왈칵 쏟아졌다. 사람들은 나를 오징어로, 다른 고기로 속을 가득 채운 오징어순대쯤으로 알고 있다. 어제 그 흉내문어처럼 나도 언젠가 내 얼굴을 찾을 것이다.

허수아비

 노는 사람들이 넘쳐난다는 어떤 나라를 방문했을 때 대지주가 농장을 구경시켜 주었다. 사방으로 지평선까지 펼쳐진 밀밭도 굉장했지만 황금물결 속 줄 맞춰 촘촘히 세워진 허수아비들이 장관이었다. 화려한 유니폼을 입은 허수아비들은 풍차처럼 팔을 돌리고 확성기처럼 소리쳐서 새를 쫓고 있었다. 대지주가 그곳을 가리키며 말했다. 저것들은 인간허수아비예요. 기계허수아비보다 성능이 좋은데 비용은 더 적게 들어요. 온통 자동화로 일터에서 쫓겨난 사람들이 부지기수거든요. 인간이 기계의 일자리를 빼앗은 최초 사례입니다. 대지주가 걸친 붉은 점퍼 자락이 깃발처럼 나부꼈다.

북극에선 지금

 북극 처마 끝에 큰 고드름이 달렸다. 지구 마지막 어미 북극곰이 동굴을 파고 들어가 새끼 두 마리를 낳았다. 얼음동굴에 때 이르게 따뜻한 공기가 들이닥쳤다. 어미 곰은 일어나서 생각도 없이 힘껏 기지개를 켰다. 마침 눈을 뜬 새끼들이 이걸 또 그대로 따라 했다. 이때 그만 고드름 밑동이 끊어지고 말았다. 고드름은 우주 공간으로 날아가 우리 시계에서 완전히 사라졌다. 하지만 북극곰을 잊을 인류가 아니다. 갈릴레이천문대가 아주 작은 새 달을 기어이 찾아냈다. 아이들은 망원경으로 고드름달을 바라보며 소원을 빌게 되었고 어른들에겐 북극곰 유적지 관광 상품이 발매되었다. 또 하나의 그리움이 하염없이 우리 둘레를 돌게 된 것이다.

모노드라마

 갑자기 몸이 안 좋아 병원에 갔다. 바로 수술해야 한다는 말에 충격을 받았다. MRI 관 속에 밀어 넣어졌을 땐 정신이 아예 나가버렸다. 저승열차 소음에 내 넋은 블랙홀 속으로 빨려 들어갔다. 문득 내가 지은 죄들이 상영되기 시작했다. 바싹 마른 혀로 용서를 빌고 빌었지만 응답이 없었다. 수술실까지 공포영화는 계속됐다. 결국 거래를 하고 말았다. 마취에서 깨어날 때 공사가 잘 끝났다는 말이 들렸다. 그날 내 마음속에 CCTV가 설치됐다. 이제 나쁜 맘을 먹기라도 하면 당장 저승에서 경고가 온다. 그렇게 나는 안전지대에서 새 삶을 살게 됐다.

터널을 지나며

 지독한 어둠에 갇혀 지내던 시절이 내게도 있었다. 그때 내 안에 다른 놈이 함께 살았다. 네마토*라고 이름 붙인 그 놈과 매일같이 싸웠다. 죽은 희망은 부활할 수 없다는 그에게 이끌려 마포대교로 갔다. 그는 곧바로 다리 한가운데로 가서는 냉큼 난간에 올라앉아 손을 내밀었다. 그 손을 잡으려는 순간 내게 내민 또 하나의 손이 보였다. 초록빛 'SOS 생명의 전화'였다. 나는 그 검은빛과 초록빛을 번갈아 쳐다보았다. 그러곤 네마토, 이 기생충 놈아 너나 떨어져, 하고 그의 등을 확 밀어버렸다. 문득 내 쪽으로 사람이 오고 있었다. 허둥허둥 걷는 모습이 좀 전의 나와 꼭 같았다. 적당한 거리까지 다가가서 강물을 보는 척 지켜보았다. 그도 멈춰 서서 강물을 보고 있었다. 그러다가 서로 눈이 마주쳤고 우리는 결국 미소를 주고받게 되었다. 그의 귀가 초록빛으로 빛나고 있었다.

---

  * Nematomorpha: 숙주의 뇌를 조종해 물에 뛰어들도록 만드는 기생충.

2부

피오르

물구나무선 바위 절벽!
푸른 피가 거꾸로 쏠려서
핏줄이란 핏줄은 죄다 터져버린
저, 극한의 현기증!

가을밤

옹달샘에 고추밭이 비쳤다.
고추가 빨갛게 익어가자
물맛이 매워졌다.
샘물 먹은 다람쥐가 숲을 내달리고
산새의 노래는 음높이가 높아졌다.
밤마다 샘에 내려와
알밤처럼 익어가는 별들,
잠 못 드는 옹달샘.

노을

장미나무 아래서 햇볕을 쬐던 고양이가
선홍빛 혀로 입술을 핥으며
나를 빤히 쳐다보았다.

생맥주 오백 시시쯤 마신 어린 여자처럼
조금은 풀린 눈과 부드러운 혀에
저절로 눈길이 갔다.

하늘 한쪽에서
붉은 조명이 내리쬐기 시작했다.

고양이가 문득
장밋빛 울음을 울었다.

내 안에 잠자던 고양이가
벌떡 깨어났다.

동백꽃

 키이우역에 차갑게 부슬비가 뿌리고 있었다. 차창을 사이에 두고 맞댄 손을 차마 떼지 못하는 이들이 있었다. 다른 쪽 선로로 냉동열차가 들어왔다. 전사자들을 실은 열차였다. 북적이는 승차장에서 비에 젖은 비둘기들이 이리저리 쫓겨 다니고 있었다. 비둘기들의 붉은 발이 흩날리는 꽃잎 같았다.

디아스포라

 바다가 솟아올라 높은 산이 된 곳이었다. 물고기 무리들은 나무가 되어 숲을 이루고 있었다. 나무가 되지 못한 고래들은 산을 그늘로 떠돌았다. 숲에서 한 철 지낸 철새들이 둥지를 떠나가고 있었다. 나뭇잎 몇이 나무를 떠나 팔랑이다가 바닥에 떨어져서 꿈틀거렸다. 나는 그 물고기들을 잡아서 강물에 풀어주었다.

동행

청년 시각장애인이 홍대 거리에 왔다. 가장 붐비는 곳에서 그가 가만히 지팡이를 접었다. 그리고 사람들 속으로 들어갔다. 그러자 앞길이 홍해처럼 갈라졌다. 쓸데없는 기적이었다. 결국 그는 제자리에 멈춰 섰다. 그때 한 청년이 곁으로 가서는 어깨를 부딪쳐 가며 나란히 걸었다. 둘은 곧 물결쳐 가는 군중과 한 덩어리가 되었다.

연극

 의절한 친구가 있다. 그때 우리들은 졸업작품으로 〈캠퍼스 커플〉을 준비했다. 여주인공은 영희가 맡았다. 영희의 상대역은, 그녀를 짝사랑했지만 고백할 기회를 찾지 못했던 내가 맡기로 했다. 돌연, 친구가 맡겠다고 나섰다. 내 간청에도 그는 끝까지 고집을 부렸다. 결국 그 친구와 나는 연극에서 빠졌다. 우리 사이도 끝장났다. 생각해 보니, 그때 그 친구가 그 배역을 맡았어도 좋았다. 단지 연극일 뿐이었는데 그렇게 전부를 걸고 싸웠다. 실제로는, 그 싸움이 우리의 진짜 연기였다.

생명

 팔공산을 내려오다가 비탈에서 얼음새꽃을 만났다. 두껍게 쌓인 눈을 동그랗게 녹여놓고 샛노란 꽃 두어 송이가 피어있었다. 꽃몸살이 얼마나 심했길래, 쳐다보고 있었다. 문득 작은 벌이 나타났다. 휘청거리는 날갯짓이었다. 허둥거리며 꽃을 핥더니 잠깐 나는 둥 마는 둥 비틀거리다 눈밭에 내려앉았다. 저런, 곧 죽겠구나, 지켜보았다. 그런데, 그 벌이 온몸으로 문댄 곳에 눈이 녹고 있었다. 얼음새꽃이 올라오고 있었다.

음악의 기원

타이가 유목민들이 새 목초지를 찾아서 영하 40도 혹한을 뚫고 바얀산맥을 넘고 있었다. 야크가 끄는 마차에는 한 덩어리로 모피에 싸인 유목민의 아기와 양과 염소의 어린 새끼들이 서로의 체온을 나누고 있었다. 야영지에 도착하자 어미들이 달려왔다. 해종일 굶어 지친 아기들이 한꺼번에 달라붙어 젖을 빨아대기 시작했다. 저 어린 생명들이 쏟아내는 소리와 박자가 바로 이 세상 음악의 시초였던 것이다.

다비드상

 바위 속에 갇혀있던 나를 구출해 주었다는 말은 엉터리야. 나는 어머니의 뜨거운 자궁 속에서 세상에 나왔지. 대지를 기어가다가 내 자리에 이르러서 자연과 하나가 되어 살았지. 나는 천 년에 한 번 숨을 쉬고 만 년에 한 마디 말을 하지. 인간과는 생김새가 다르고 생각도 다르지만 내게도 바위다운 얼굴이 있었고 대지와 한 몸이 된 몸뚱이도 있었지. 그런 나를 끌어다가 살점을 쪼아내고 통뼈를 갈아냈지. 내 심장이, 인간을 닮았다는 이유로. 그걸 알아본 자가 있었다는 게 불운이었지. 나를 볼 때 네 가슴이 두근대는 것은, 백만 년에 한 번 뛰는 바위의 심장고동을 느꼈기 때문이야.

용궁 여행기

인도바다거북과 함께 산 지 십 년이 넘자 대화가 가능해졌다. 지난여름 제 고향 용궁을 구경시켜 주겠다고 했다. 인도양 깊은 곳에 하와마할같이 화려한 궁전이 있었다. 자세히 보니 건물들 모두가 물고기들로 지어져 있었다. 아름다운 공주가 나와 반갑게 맞았다. 연회가 한창일 때 공주가 깜짝 청혼을 했다. 바다와 육지를 오가며 같이 살자고 내 폐와 그녀 부레를 하나씩 교환하기로 했다. 내 행복이 이렇게 바닷속에 마련되어 있었다니 꿈만 같았다. 결혼 날짜를 기다리며 인생의 클라이맥스를 즐기던 중 한밤에 돌연 벼락치는 소리가 났다. 마술처럼 궁전이 사라지고 아무것도 남아있지 않았다. 예고 없던 사이클론에 물고기들 모두가 뿔뿔이 흩어진 것이었다. 우리도 졸지에 이산가족이 되고 말았다.

히말라야 깃발

　추격전 끝에 산양을 잡은 눈표범이 제 덩치의 먹이를 물고 깎아지른 절벽을 기어오르기 시작했다.

　꼭대기에서
　깃발이 펄럭이고 있었다.

　새끼였다.

히말라야엔 왜 별이 많은가

태양이 만년설봉들을 기어서 넘어가자
바람을 타고 에베레스트 능선에 내린 대왕거미가
배낭에서 그물을 꺼내 하늘 높이 던졌다.

그물 속에서 팔딱이는 별들,
대왕거미가 빨대를 꽂았다.

반들반들 껍데기만 남은 별들,
대왕거미가 하늘로 던져버렸다.

거울별들이 새로 떴다.

거울별마다
폭포수처럼 쏟아내는 별빛!

자원봉사자

늘 꿈꿔왔던 히말라야 트레킹을 했다. 눈물 나도록 눈부신 설산과 눈 시리도록 초롱초롱한 별빛도 잊을 수 없지만 내 짐을 져 나르던 당나귀의 그 까만 눈동자가 새록새록 눈에 밟힌다. 지구의 지붕 위에 낸 길을 무거운 짐을 지고 평생토록 올라야만 하는 당나귀, 그 고기를 현지인들이 먹지 않는다는 건 이해할 수 있었다. 하지만 당나귀의 그 눈빛이 어떻게 별빛보다도 맑을 수 있는지, 또 당나귀가 죽으면 왜 화장을 해서 혼을 하늘로 올려 보내는지 이해가 가지 않았다. 그곳을 떠난 날 꿈을 꾸었다. 내가 누군가에게 간청을 하고 있었다. 자원봉사를 하겠다고. 당나귀라도 좋으니 히말라야로 보내달라고.

히말라야 버스

 네팔에서 버스를 탔다. 입석까지 만원이었다. 차 한 대 지나갈 만큼만 깎아낸 산길로 중간중간 한 30도쯤 절벽으로 기운 구간들이 있었다. 승객들이 쏠려서 차가 더 기울기라도 하면 까마득한 바닥으로 떨어져 모두 가루가 될 것이었다. 나는 조마조마해서 히말라야 신에게 내내 기도하고 있었다. 하지만 그 구간이 다가와도 다른 승객들은 편안해 보였다. 마침내 그곳에 들어서자 나는 나가떨어지다시피 이리저리 부딪혔지만 현지인들은 자세에 변화가 없었다. 나는 온몸에 힘이 들어가 쥐가 날 지경이었지만 그들은 오히려 힘을 비운 듯했다. 버스에서 내려서 첩첩의 산비탈로 흩어져 가는 그들을 보면서 모름지기 지붕 위에선 무게중심을 언제나 발바닥에 두어야 한다는 것을 깨달았다.

걸작

 네팔 친구 하리의 고향마을에 갔다. 촉도난蜀道難*의 할아버지쯤 되는 히말라야 벼랑길이었다. 포카라부터 오토바이에 매달려 굽이굽이 멀미 나는 길을 이틀에 걸쳐 올랐다. 멀리 거대한 탑이 나타났다. 만년설을 지붕으로 인 수백 층의 탑이었다. 저 탑을 다 오르면 히말라야 신을 만날 수 있다고 하리가 말했다. 가까이 가니 그것은 다랑이였다. 둑을 베고 누우면 발끝이 다른 둑에 닿는 논뙈기들이 거의 수직으로 쌓여있었다. 중간쯤 둑에 올라섰지만 아래를 제대로 내려다볼 수 없었다. 다리가 마구 후들거렸다. 하지만 하리는 산이 흔들리는 거라고 했다. 그렇다면?! 나는 그 자리에 주저앉고 말았다. 하리가 손을 잡아 일으키면서 산이 이렇게 흔들리기 때문에 이 탑이 무너지지 않는 거라고 했다. 그제야 높은 빌딩도 바람에 흔들리도록 설계한다는 말이 생각났다. 히말라야 탑은 신과 인간이 함께 빚은 걸작이었다.

* 촉으로 가는 길의 험난함을 노래한 이백의 시.

3부

바다

끊임없이 일어나는 파도를
억누르지 않고 그대로 두면서도
그 일렁이는 물결들로
세상에서 가장 곧고 아름다운 선을 이루어냈다.

라훌라

이 시대는 너를 부러워하지만
죽을 때까지 그 집을 버릴 수 없으니
부처가 되긴 글렀다.

모든 것을 갖고 태어난 달팽이.

불사

내 마음속에
절 한 칸 지었다.

부처도 모셔놓고
풍경도 달았다.

내 한창때 망나니를
행자로 들였다.

한시름 덜었다.

내 영혼

먼지가 파닥거린다.
온몸이 날개인 먼지는
언제든 떠날 준비가 되어있다.

하늘 높이 날아도
땅에 다시 내려앉는 먼지에겐
이 땅이 저승이다.

나도 이 세상이 좋았다.

풍경

홍련암 추녀에서 풍경이 울었다.
바닷바람을 받아 나무물고기가 풍경을 쳤다.

풍경 소리는 은은했다.

내 안에서도 바람만 불면
거세게 우는 소리가 난다.

내 풍경에는
쇠물고기가 매달려 있구나.

나무물고기로 바꿔 달아야겠다.

운주사 자명종

내 세상이 극심한 불면증일 땐
운주사 와불 곁에 가 눕고 싶다.
그대로 잠들어 나도 바위가 되고 싶다.
오랜 시간 함께 풍화되고 침식되면
와불도 나도 얼굴이 다 뭉그러져서
꼭 닮은 채로 나란히 누워있겠지.
와불은 56억 7천만 년 후 깨어날 것이니
그때 나도 기지개를 켜며 한마디 하겠지.
여보, 한숨 푹 자고 나니
이제 좀 살 것 같소.

누나

동백나무 한 가지의 푸른 잎과 붉은 꽃,
기색도 없이 꽃이 툭 졌습니다.
봄이 채 오기도 전에 그리도 서둘러
달님 따라 서쪽으로 간 것인가요?
그날 이후 꿈에서 종종 만났는데
요즘은 통 볼 수가 없습니다.
꿈속에 들어오지 못하는 것은
이미 이 세상에 돌아온 것이지요.
아, 마주 보고도 알아보지 못해
새로 핀 꽃을 물끄러미 바라봅니다.

갠지스강

어부가 물고기를 잡고 있었다.
그물에 사람 손이 딸려 왔다.
물고기에게 살을 다 내준 손,
대리석 조각상 같았다.

꽉 쥔 주먹 안에는
십 루피 동전 한 개가 있었다.
장작값은 부족했어도
노잣돈은 빠뜨리지 않은 것이었다.

어부는 주먹을 펴고 동전을 집었다.

강가에 떠밀려 온 쓰레기를 뒤지는 아이들이 있었다.

사가르마타*

깡충거미가 히말라야 능선에 법당을 지었다.

하늘 끝이 지붕이고 땅 끝이 벽이었다.

거미는 동안거에 들었다.

산 밑에 탁발하러 간 바람상좌는 돌아오지 않았다.

하늘이 아주 높아진 날 거미는 몸을 벗었다.

뒤늦게 돌아온 바람상좌가 법당을 흔들어댔다.

거미는 먼지로 돌아갔다.

* 산스크리트어로 '하늘의 이마'란 뜻의 에베레스트산 현지 이름.

꽃산이 하늘로 옮겨 가다
－고 방산芳山 박제천 선생님

꽃산이 하늘로 옮겨 가더니
하늘엔 고운 꽃향기가 넘쳐나네요.
큰 산의 무게에 가까이 내려앉은 하늘,
그 향기 내게도 그윽이 잡힙니다.

그 산의 옛터에 가면
그 꽃향기 남아있겠지 했는데,
본래부터 이 세상의 것이 아니었던 듯
흔적조차 찾을 길 없습니다.

한데, 벽도 없고 바닥도 없는 내 가슴이
이리도 휑하니 무너져 내린 것은,
그 산이 있던 자리는 바로
이 가슴속이네요.

그래도 이 허허한 황야에
잘 여문 씨앗들 다 떨구고 갔으니

새봄이 오면 여기에도
향기 먹은 싹들이 수북이 올라올 것입니다.

화엄여행

화엄사 계곡에 얼음이 풀렸다. 죽은 물고기 몇이 떠올랐다. 지난해 누군가 풀어놓은 물고기였다. 스님 한 분이 나뭇가지들을 주워다 깎았다. 나무물고기였다. 계곡 옆에 담아놓고 '방생용 물고기'라고 써 붙였다. 스님이 나무물고기를 한 마리 주면서 말했다. "이 물고기가 큰물에 갔으면 좋겠어요." 나는 그 나무물고기를 받아서 품속에 넣었다.

할머니의 천수경

한글을 겨우 뗀 할머니가 요즘 부쩍 천수경을 읽으십니다. 만 번만 읽으면 극락에 간다는 말을 누군가에게 듣고부터 날마다 천수경을 읽으십니다.

… 대, 다, 라, 니, 나, 모, 라, 다, 나, 다, 라* …

더듬더듬 한 글자씩 그리듯 읽으시니 옆에서 들어도 무슨 말인지 통 알아들을 수 없습니다. 할머니는 죽기 전에 마쳐야 한다며 그 전에 세상을 뜰까 봐 걱정이십니다. 퇴근하고 집에 오니 여전히 큰 소리로 천수경을 읽고 계셨습니다.

… 옴, 바, 자, 나, 사, 다, 모, 불, 이** …

돋보기를 쓰고 읽고 계시는 것은 천수경이 아니었습니다. 어젯밤 할머니에게 드린 내 첫 시집이었습니다.

* 천수경의 한 부분.
** 졸시「하늘의 다비식」의 한 부분.

막둥이

 가을바람이 불어왔다. 수덕사 느티나무가 노란 가랑잎들을 떠나보내고 있었다. 가랑잎들은 산 아래 들판으로 날아갔다. 들판에선 잘 익은 곡식들이 물결치고 있었다. 가랑잎들은 허공을 떠가다가 물결의 일부가 되었다. 끊임없이 이는 황금빛 물결을 바라보고 있으니, 온 도량이 황금바다로 나아가는 반야용선이었다. 뱃고물에는 아직 단풍이 덜 든 작은 느티나무 한 그루도 올라타 있었다. 가만히 안아주었다.

빈 의자

 운문사에 나한들을 모신 오백전이 있었다. 가만히 보니 어디선가 만났던 얼굴들이었다. 제 버릇 못 버리고 오백 분이 맞을까 세어보았다. 아무리 세어보아도 한 분이 부족했다. 한 분은 어디 가셨냐고 물었더니 사리암에 계신다고 했다. 사리암에 올라가 보았지만 그 나한 한 분을 찾을 수가 없었다. 산을 내려와 오후에 청도시장에 갔다. 익숙한 얼굴들이 거기에 있었다. 바닥에 앉아 채소 몇 단 팔아서 생선 몇 토막으로 바꾸고 버스 타러 가는, 소풍 온 아이들처럼 즐거운 한나절 장꾼들. 그 한 자리는 이분들에게 마련된 자리였다.

식목일

 힘든 유학시절이었다. 마침 뉴욕 가까이에 우리 절 원각사가 있어서 찾아갔다. 소원을 빌고 나서 복전함에 겨우 25센트 동전 한 개를 넣은 것이 사고를 치고 말았다. 그 쇠붙이가 때마침 비어있던 복전함 바닥에서 연거푸 되튀는 소리가 법당의 평온을 산산조각 냈다. 가슴에서 꽹과리가 쳤다. 허둥거리며 구석자리로 기어들었다. 그런데 그게 끝이 아니었다. 겨우 제자리를 잡은 법당의 고요가 또다시 무너졌다. 쇳덩이가 또 떨어진 것이다. 슬쩍 보니 가족들과 함께 온 장년 신사였다. 그의 표정은 담담했다. 문득 소음이 목탁 소리로 바뀌었다. 내 가슴에 푸른 나무 한 그루 심어진 순간이었다.

나들*

　북극 동토에 묻혀있던 담륜충을 2만 4천 년 만에 해동하자 꿈틀했다. 하늘에 비상이 걸렸다. 이 벌레에게서 떠나간 영혼이 지금은 어디에 있는지 찾아낼 도리가 없었다. 마침 하늘에도 천재가 있었다. 다음 몸을 받기까지 잠시 대기 중인 영혼들을 시간제로 보냈다. 그제야 이 벌레는 정신이 돌아와 생명을 이어가게 되었다. 놀랍게도 이 묘책을 사람에게도 써먹는다. 저승 문턱에 다녀온 뒤, 아내는 내 말에 영혼이 없다고 한다. 어제는 전에 같이 갔던 식당을 처음이라고 우겼다가 핀잔을 들었다. 오늘은 처음 묵는 숙소에서 또 왔네, 했다가 누구랑 왔었냐고 추궁하는 통에 곤욕을 치렀다. 영혼들이 이 사람 저 사람 돌아다니며 일하기 때문에 생긴 현상이다. 천의무봉은 옛말이고 인수인계라도 제대로 해줬으면 좋겠다.

---

* '나'의 복수형.

4부

고독

바다거북이 물 밖으로 목을 길게 뺐는데
사방에 아무것도 없다.
목을 다시 집어넣으려는데
이번엔 몸뚱이가 없다.

노량진

고시원 방바닥에 주저앉아
벽에 등을 기대고 있었다.

시험을 망쳤다.

베니어 벽을 사이에 두고 문득
누군가 등을 기대오는 것이 느껴졌다.

등을 뗄 수가 없었다.

새벽인력시장

한번 진 태양이 다시 뜰 수 있을까.
한 포기 모닥불이 하루를 일으켰다.
하루치 사람들의 생애가 연기처럼 흐늘댔다.

어제 디딘 바닥이 오늘은 하늘이다.
구름에 걸려있는 사다리가 출렁댔다.
바닥을 딛지 못한 발들은 허공을 떠돌았다.

까매진 불씨가 광장에서 흩어졌다.
어제도 간 길이 돌아올 땐 아슴했다.
한 덩이 붉은 갈증이 등성이로 차올랐다.

월식

달항아리를 보고 있으면
입안에 침이 고인다.

일 나가 밤늦게 돌아오신 어머니가
박바가지에 가득 퍼주신
달빛 모락모락 피어오르던 보리밥.

형제 넷이 달려들어
순식간에 먹어치우고는,

하늘에 떠있던 고봉 쌀밥까지
바가지째 파먹었다.

그날 이후,
달항아리를 보고 있으면
저절로 배가 불러왔다.

비 오는 날

빗줄기가 주룩주룩 내리는 날엔
식구들이 모여서 칼국수를 해 먹었지.
빗줄기가 뚝뚝 끊어지는 날엔
수제비를 뜨기도 했지.

우리 식구들은 배급 밀가루로 살았지.
냉면은 구경도 못 했지.

배급 밀가루를 졸업하고선
칼국수는 죽어도 다신 안 먹겠다고 다짐했지.

막상 나이가 드니,
빗줄기가 주룩주룩 내리는 날엔
주머니에 고기냉면 사 먹을 돈이 있어도
칼국수를 안 먹을 도리가 없네.

명자

 안데스고원에서 뜻밖에 어릴 적 짝꿍을 보았다. 사철 두 볼에 사과꽃 피고 지던 그녀는 학교 끝나면 서둘러 집으로 달려가 동생 하나 업고 밭일을 거들곤 했었다. 초등학교 졸업하던 해 어떤 누나와 같이 시외버스 타는 것을 먼 발치에서 지켜보았는데, 서울로 식모살이 갔다는 걸 나중에 알았다. 그 후 통 만날 수 없었던 그녀가 사과 볼을 한 채 여전히 제 동생을 둘러업고 공기조차 메마른 구름밭에서 파파감자를 심고 있었다. 이제 헤어지면 영영 다시는 못 볼 것 같아서 흙먼지 날리는 버스 차창으로 목이 아프도록 돌아다보았다.

혈거시대

 북극여우 부부는 백년해로한다. 늦가을에 남편은 저축한 먹이를 두고 남쪽으로 멀리 떠났다가 봄이 오면 제 굴로 돌아온다. 굴속엔 새로 태어난 새끼들이 있다. 이제 아비는 어미와 새끼들을 먹여야 한다. 제때 새끼들을 키워내려면 온종일 달려야 한다. 어느새 겨울은 와 성장한 새끼들은 제 땅을 찾아가고 아비는 또다시 먼 길을 떠난다.

 백 년을! 그렇게 살고서야 사람이 되었지만, 나는 또 먼 길을 떠나야 한다.

그해 겨울

애터지게 울어대는 매미들 속에 벙어리매미가 한 마리 있었습니다. 벙어리매미도 가슴을 떨고 있어서 그 매미가 벙어리인 줄 아무도 몰랐습니다. 매미들이 모두 떠나고 난 뒤에도 벙어리매미는 홀로 남아서 속울음을 울고 있었습니다. 그해 겨울 벙어리매미가 울던 그 나무에 옹이가 하나 새로 생겼습니다.

바닥론

담쟁이가 기어서 여린 발로 벽을 한 발 한 발 딛고 서니 곤충들이 오고 새도 앉아서 재잘댔다. 높은 벽이 바닥이 되었다.

종종 돌부리에 걸려 넘어진 나에겐 바닥이 벽이었다. 그때마다 나는 담쟁이가 되었다.

어느 가을날

나를 피해 달아나던 고추잠자리가
오늘은 내 어깨에 내려앉네.
푸른 물 다 빠진 나무라도 믿지 말거라.
나에겐 개구쟁이 손자가 있단다.

새봄맞이

막일로 생계를 이어간 때도 있지만
그보다 훨씬 힘이 드는 일은
막 뛰기 시작한 지칠 줄 모르는 손자를
행여 다칠세라 온종일 쫓아다니는 일.
내 관절도 이제 겨울철이란 걸 절감하게 되는 일.
가요무대도 다 못 보고 겨울나무처럼 잠들었다가
이튿날 이른 아침 출근길의 딸에게서
손자를 다시 넘겨받을 때,
하삐! 부르며 안겨오는 몸짓 한 번에
계절도 없이 마디마디 차오르는 새 수액!

세렝게티

바람을 아는 자가 초원을 지배한다. 지배자의 털은 바람의 방향을 감지하고 후각은 사냥감을 쫓는다. 우리 집도 후각이 제일 예민한 자가 지배한다. 내 역할은 감추고 달아나는 것이고 아내의 역할은 찾아내서 빼앗는 것이다. 초원의 미세한 움직임을 감지하듯 내 주위의 조그만 변화도 금세 알아챈다. 이번에 제법 큰돈이 생겨서 숨겼는데 아내가 낌새채질 못한다. 예전 같지 않은 아내, 후각이 퇴화했다. 후각이 무뎌지면 발톱도 연해진다. 이제 좀 기를 펼 수 있겠지. 문득, 같이 사는 서른세 살 딸이 내게 입웃음치며 다가왔다. 아내가 승리할 때마다 짓는 저 표정! 당당하게도, 아빠, 나 아프리카 여행 갈 거야. 집안에서 딸의 목소리가 점점 커지고 있다. 초원에서 여왕의 권력은 공주에게로 이양된다.

주름

입학 때의 교복도 휴가 때의 군복도
어머니는 주름을 살짝만 잡아주셨지요.
그게 불만이어서 어머니 수의는
각을 바짝 잡아드리려고 했지요.
그걸 안 어머니는 깜짝 놀라시며
조금만 잡아달라고 신신당부하셨지요.
평생을 새내기처럼 살다 가신 어머니,
저승으로 가신 지 벌써 오래인데,
손길마다, 내 기억 속에 잡아놓으신 주름들이
해가 갈수록 골이 더욱 깊어져요.

백열등

황량한 파타고니아고원에서
칼라파테* 고사목과 자식 나무가
밤새도록 맞은 서리를
햇볕에 나란히 녹이고 있었다.

지난 시월에 나는
어머니 산소 옆에 누워서
가을볕을 같이 쬐며
그간의 얘기를 나누었다.

내가 야간학교 다닐 때 어머니는
달동네 문간에 백열등 걸어놓고
자식이 돌아올 때까지
삯바느질을 하셨다.

* 파타고니아 지역에서 자라는 나무.

자작나무오르간

시벨리우스공원의 은파이프빛 자작나무 숲에 자작나뭇빛 파이프오르간이 있었다. 그 숲이 무척 좋아서 시간만 되면 갔다. 자작나무를 한 아름 안고 있으면 나무의 은은한 울림이 느껴졌다. 저절로 콧노래가 나왔다. 그러던 지난 추분날이었다. 그날도 자작나무들과 종일토록 함께 있었는데 문득

자작나뭇잎이 내 눈이 되었다.
자작나뭇잎이 내 귀가 되었다.
자작나뭇잎이 내 코가 되었다.
자작나뭇잎이 내 입이 되었다.

그날 이후 문득문득 내 척추에서 자작나무 곡조가 울렸다.

먼 곳

 몽골 도르노드 대초원에서 청년 타미르의 게르에 묵었다. 타미르와 대도시에서 온 나는 서로의 삶을 동경하고 있었다. 게르를 떠나올 때 타미르가 손을 흔들고 있었다. 나도 손을 흔들어주면서 우리 둘의 눈길이 포개어졌다. 차가 출발하면서 서로를 향한 시선이 똑같이 길어지고 있었다. 끝내 눈길을 거두어들이지 못한 그곳에 한 점 소실점이 생겼다.

| 해설 |

삶의 궁극성을 궁구해 가는 서정시의 존재론
― 이용하의 시 세계

유성호 문학평론가·한양대학교 국문과 교수

1. 다짐과 개진의 의지를 담은 미학적 도록圖錄

이용하 시인의 두 번째 시집 『튜링의 상자』는 생명과 근원을 향한 지속적 헌사이자, 스스로를 향한 다짐과 개진의 의지를 담은 미학적 도록圖錄으로 다가온다. 그의 시에는 세상을 살아가는 고독한 영혼의 소망과 깨달음이 가득 펼쳐져 있고, 그 바닥에는 존재자의 불가피한 한계를 넘어서고자 하는 시인의 인생론적 열망이 깊이 흐르고 있다. 그렇게 이용하 시인은 소멸 직전에 찾아오는 순간의 힘으로 삶을 탐색하는 시편을 줄곧 보여줌으로써, 소박한 낭만성이나 미학적 초월성에 머무르지 않고, 시간의 흐름에 따라 사라져 가는 유한자들의 존재론을 섬

세하게 포착하고 표현해 간다. 두루 알다시피 서정시는 시간적 경과나 인과적 계기를 중시하면서 세계에 대한 경험과 기억을 순간적으로 표현하는 데 공을 들이는 양식이다. 물론 이때 서정시가 구현하는 '순간'이란 과거-현재-미래를 하나로 묶어내는 '충만한 현재형'으로서의 집중된 시간 형식을 말한다. 그래서 시적 순간은 오랜 경험과 기억이 반복되고 축적되어 나타나게 된다. 이용하 시인은 낱낱 순간의 힘을 통해 자신만의 언어를 발화함으로써 독자적인 경험과 기억을 자신만의 서정적 원리로 만들어간다. 이제 그 개성적 세계 안으로 천천히 한 걸음씩 들어가 보도록 하자.

2. 옛 기억을 통해 시간의 위의威儀를 세워가려는 열망

이용하 시집에서 가장 빈번하게 그리고 탁월한 형상으로 나타나는 원리는 옛 기억에서 찾을 수 있다. 먼저 시인은 자신의 발원지이자 귀착점으로서의 '모성母性'에 대한 지극한 기억을 노래한다. 물론 고향이나 어머니 같은 근원적 회귀점에 대한 그리움은 서정시가 오랫동안 견지해 온 보편적 방법 가운데 하나일 것이다. 그러나 이용하 시에서 이러한 지향은 매우 각별한 위상과 지분을 가지고 있다. 특별히 어머니로부터 생성되어 어머니로 귀결해 가는 시인의 마음은 경험적 시간으로부터 미학적 시간에까지 온통 걸쳐져 있다. 그렇게 어머니는 시인의 심상心像에 남은 시간의 변형된 흔적으로서 지금도 현재형으로 계신다. 시인은 의식 저편에 깃들인 어머니의 형상을 복원하여 자신의 현재형을 긍정하고 확인하고 유추해 가는 것이다. 이러한 과정은 어머니와 함께했던 시간에 대한 매혹으로 생성되어 그 시간으로 하여금 다시 삶을 반추케 하는 과정을 거쳐 간다. 이용하 시인은 삶을 천천히 반추하는 서정적 원리를 통해 어머니를 향한 옛 기억의 장면들을 생생한 미학적 태반으로 만들어내고 있다.

    달항아리를 보고 있으면
    입안에 침이 고인다.

    일 나가 밤늦게 돌아오신 어머니가
    박바가지에 가득 퍼주신
    달빛 모락모락 피어오르던 보리밥.

    형제 넷이 달려들어
    순식간에 먹어치우고는,

    하늘에 떠있던 고봉 쌀밥까지
    바가지째 파먹었다.

그날 이후,
달항아리를 보고 있으면
저절로 배가 불러왔다.
 －「월식」 전문

 '월식月蝕, lunar eclipse'이란 지구 그림자가 달을 가리는 현상을 말한다. 시인은 달항아리를 통해 어린 날의 기억을 환기하고 있는데, 그 육체적 반응이 입안에 침이 고이는 것으로 나타난다. 달항아리는 일 나가서 밤늦게 돌아오시는 어머니에 대한 기억을 가져다준다. 박바가지 가득 퍼주신 "달빛 모락모락 피어오르던 보리밥"이 그 구체적 형상으로 나타난다. 네 형제가 순식간에 먹어치운 보리밥, 하늘에 떠있던 고봉 쌀밥, 달항아리는 이것들을 매개로 하여 절로 배가 불러오는 충만한 기억을 불러온다. 월식에는 달이 지구 그림자에 가려져서 태양 빛을 반사할 수 없기 때문에 밝은 빛을 잃게 된다. 그 달처럼, 아무런 색깔도 장식도 없이 무심하게 둥근 달항아리처럼, 어머니도 그러한 모습이었을 것이다. 그렇게 시인의 옛 기억은 "손길마다, 내 기억 속에 잡아놓으신 주름들"(「주름」)과 함께 "달동네 문간에 백열등 걸어놓고/ 자식이 돌아올 때까지/ 삯바느질"(「백열등」)하시던 어머니 모습으로 충일하기만 하다. 다음은 어떠한가.

옹달샘에 고추밭이 비쳤다.
고추가 빨갛게 익어가자
물맛이 매워졌다.
샘물 먹은 다람쥐가 숲을 내달리고
산새의 노래는 음높이가 높아졌다.
밤마다 샘에 내려와
알밤처럼 익어가는 별들,
잠 못 드는 옹달샘.
 -「가을밤」 전문

 이번에는 가을밤으로 시선을 옮겨 풍요로운 성숙의 시간을 기억에서 꺼내고 있다. 옹달샘에 빨간 고추가 그대로 비친다. 고추가 익어가자 물맛이 매워졌다는 환각은 그야말로 어린이의 천진한 시선에서만 가능할지 모른다. 다람쥐나 산새들에 의해 숲도 분주해지고 자연의 음높이도 높아진다. 가을밤마다 "샘에 내려와/ 알밤처럼 익어가는 별들"은 옹달샘을 잠 못 들게 한다. 이렇게 '옹달샘/고추/다람쥐/산새/별들'이 조응하면서 호혜적으로 공존하는 가을밤은 스스로[自] 그러하게[然] 풍요롭기만 하다. 이러한 상상의 지도地圖는 오랜 시간 속에 새겨져 있는 옛 기억들이 단단하게 결속하는 순간에 문득 찾아온 형상이었을 것이다. 그렇게 이용하 시인의 상상력은 "자작나무를 한 아름 안고 있으면 나무의 은은한 울림"(「자작나무오르간」)을 느끼고 "대지를 기어가다가 내 자리에 이르러서 자연과 하나가"(「다비드상」) 되는 순간을 맞이하는 역동성에서 발원하는 것이다.

 이처럼 이용하의 시는 시간과의 싸움을 감당해 온 어머니의 생애를 기록하거나 가장 천진한 감각으로 가을밤을 재현하는 과정을 통해 인간의 이성과 관행에 의해 관철되어 온 근대적 시간에 적극적으로 저항한다. 그리고 그 오랜 시간의 위의威儀를 세워가려는 각별한 열망을 보여준다. 그 안에는 지난날을 뒤안길로 보내면서도 시간을 천천히 반추해 보는 자기 성찰의 한 방식이 서려 있다. 물론 이러한 반추는 자기 성찰의 깊이와 표현의 진정성이 결합될 때 비로소 가능한 것이다. 이용하 시인의 고백은 이러한 성찰적 진정성에 바탕을 둔 것이며, 이러한 진정성이 시인의 가장 큰 장처長處가 된다고 할 수 있을 것이다. 결국 이용하 시인은 시간에 대한 오랜 견인堅忍을 통해 서정시의 공감 영역을 확장해 가고 있고, 우리는 해체적 언어의 탐닉이라는 우리 시단의 병리를 넘어서면서 고전적 인생론의 세계를 구축해 가는 시인의 언어를 만나보게 되는 것이다.

3. 삶의 결핍을 성찰하고 치유하는 사유와 질문

이용하 시인은 서정의 구심적 본령을 지키면서도 그 대상을 새롭게 원심적으로 확장해 가는 면모를 동시에 보여준다. 이는 절제와 함축의 미美를 더욱 세련화하고 첨예화하는 방향과, 삶의 균열 양상을 담아냄으로써 타자들을 발견해 가는 방향을 모두 포괄하게 된다. 그의 시는 동일성 시학의 결실을 귀하게 여기면서도, 타자성을 진중하게 반영하려는 각별한 의식도 보여주는 것이다. 그만큼 시인은 세계와 자아 사이의 균열에 대해 아파하면서도 그 가운데서 삶의 궁극적 완성을 추구하는 타자성의 시인이라 말할 수 있을 것이다. 다음 작품을 한번 읽어보자.

한번 진 태양이 다시 뜰 수 있을까.
한 포기 모닥불이 하루를 일으켰다.
하루치 사람들의 생애가 연기처럼 흐늘댔다.

어제 디딘 바닥이 오늘은 하늘이다.
구름에 걸려있는 사다리가 출렁댔다.
바닥을 딛지 못한 발들은 허공을 떠돌았다.

까매진 불씨가 광장에서 흩어졌다.

어제도 간 길이 돌아올 땐 아슴했다.
한 덩이 붉은 갈증이 등성이로 차올랐다.
 −「새벽인력시장」 전문

시인이 관찰하고 표현하는 '새벽인력시장'은 그 자체로 삶의 주변부에 해당하지만, 새로운 삶의 에너지가 생성되고 분출된다는 점에서 삶의 한복판 현장이 될 수도 있다. 그곳에는 "한번 진 태양"과 "한 포기 모닥불" 그리고 "하루치 사람들의 생애"가 있다. 물론 그 '한번/한 포기/하루치'라는 숫자는 비록 왜소한 것이지만, 그 역설의 힘으로 그들은 다시 뜨고 일어서고 흐늘대는 움직임을 보일 수 있다. 그러니 어제 디딘 '바닥'은 오늘 바라보는 '하늘'이 아닐 것인가. 이 의식의 반전反轉이 그곳 새벽인력시장의 생태학을 규정하고 있다. 구름에 걸린 사다리가 출렁대면 "바닥을 딛지 못한 발들"이 허공을 떠돌고, 까매진 불씨는 광장에 흩어지고, 마침내 "한 덩이 붉은 갈증"이 새로운 하루를 펼쳐낸다. 어제 간 길이 오늘 다시 아슴푸레해지면서 이 새벽인력시장은, 비록 "홀로 남아서 속울음을"(「그해 겨울」) 울지라도, "바람만 불면/ 거세게 우는 소리"(「풍경」)를 생성하는 삶의 중심으로 몸을 바꾼다. 이 중심과 주변의 교차적 공존이 이용하 시인의 시선에 "한 덩이 붉은 갈증"으로 다가왔을 것이다.

앨런 튜링은 생물의 형태를 관찰하러 맨체스터 근교 델라미어숲에 자주 갔다. 옛 전설들이 주절주절 우거진 그 원시림에는 변신 요정 푸카가 살고 있었다. 어느 날, 아리따운 처녀로 변신한 이 요정은 작은 상자 하나를 튜링에게 맡겼다. 절대 열어보지 말라고 했으나 튜링은 상자를 열지 않을 수 없었다. 새알이 하나 들어있었다. 이게 뭘까 궁리하는 사이 그 알이 부화했다. 뻐꾸기였다.

가족으로 함께 살던 뻐꾸기가 갑자기 사라졌다. 사실 그 뻐꾸기는 요정 푸카였다. 튜링의 인공지능 기술을 훔치려고 꾸민 수작이었다. 모습만 사람으로 바꿀 수 있었던 푸카가 비로소 인간의 생각도 할 수 있게 되었다. 도무지 생각과 행동을 예측할 수 없는 신인류가 숲에서 나와 인간 세상으로 숨어들었다. 새로운 인종 갈등의 씨앗이 뿌려진 것이다.

인간은 끊임없이 서로를 의심할 수밖에 없게 됐다. 너는 나에게, 나는 너에게 언제 어디서나 물어야만 하게 됐다. 너는 진짜 인간인가? 결국 튜링은 인간에게 본질적인 문제 하나를 던져놓은 것이다. 이 건곤일척의 시험에 통과했을 때 그제야 너와 나는 인간이 된다.
　-「튜링의 상자」전문

이번 시집의 표제작이기도 한 이 시편은 최근 우리 시대의 최첨단 화두인 인공지능의 기원origin과 그 미래에 관하여 묻고 있다. 영국의 수학자이자 컴퓨터과학자인 앨런 튜링Alan Turing은 현대 컴퓨터과학을 정립하였고 인공지능Artificial Intelligence이라는 단어가 생기기도 전에 그것을 고안하고 이의 확산을 예측한 인물이다. 시인은 튜링을 역사 속에서 불러와 하나의 알레고리를 완성한다. 튜링이 맨체스터 근교의 원시림인 델라미어숲에 갔을 때 '변신 요정 푸카'를 만난 상상적 일화를 통해서 말이다. 처녀로 변신한 요정은 상자 하나를 튜링에게 맡기면서 열어보지 말 것을 당부한다. 제목 '튜링의 상자'는 이렇게 탄생하였다. 튜링이 상자를 열자 그 안에는 새알 하나가 들어있었는데 곧 알이 부화하여 뻐꾸기가 태어난다. 뻐꾸기로 변신한 푸카는 튜링의 인공지능 기술을 훔치려 한 것이었는데 그는 점점 인간처럼 생각하게 된다. 생각과 행동을 예측할 수 없는 새로운 인류가 숲을 떠나 인간 세상으로 숨어든 것이다. 이제 새로운 갈등이 생겨나 인간은 서로 의심하고 "진짜 인간"임을 서로 물어야만 했다. 그렇게 튜링은 본질적 질문 하나를 역사 속에 던져놓은 채 사라졌다. 하지만 인간은 "진짜 인간"이 누구인지를 묻는 시험과 마주치게 되었다. '튜링의 상자' 안에 갇힌 셈이다. "업무로봇"(「개꿈」)이나 "인간로봇"(「인공사랑」)이 "인간 허수아비"(「허수아비」)를 만들어갈 것인가, 아니면 인간의 심장으로 인공지능을 효율적으로 활용하면서 공존할 것인가. 이

질문은 컴퓨터과학자인 '시인 이용하'가 우리에게 제기하는 것이기도 하다. 「튜링의 상자」는 첫 시집 표제작이었던 「너는 누구냐」(『너는 누구냐』, 2021)를 더욱 상징적으로 이어간 작품이라는 점을 우리는 부기할 수 있을 것이다.

주지하듯 인간의 삶은 순간적 충격이나 일탈에 의해 무너지기에는 지속적이고도 견고한 리듬을 가지고 있다. 그 기저基底에는 보편적 진화의 기운이 강한 흐름으로 존재하기 때문에 인간은 지금보다 나은 미래를 꿈꾸며 살아올 수 있었을 것이다. 그러나 주변부의 삶은 여전히 곽팍하고 미래는 아직도 불안한 예감으로 가득 차있다. 이때 시인은 세계와의 화해와 불화 사이에서 일고 무너지는 수많은 삶의 표정을 채록하여 보여준다. 이러한 불안과 기대의 양면성은 이용하 시의 원초적 몫을 유감없이 보여주는데, 아닌 게 아니라 시인은 세상의 주변부를 재현하면서도 인간의 보편적 본질을 묻는가 하면, 각자의 경험에 놓인 존재자들로 하여금 원형성과 보편성을 품으면서 새로운 지평을 향해 나아가게끔 해주기도 한다. 그리고 이러한 균형적 태도는 삶의 결핍을 성찰하고 치유하는 서정시의 속성을 통해 시인의 역설적 언어를 만나게끔 해준다. 사유와 질문으로 결속된 시인의 비전과 지혜가 웅숭깊게 다가오는 순간이 아닌가 한다.

4. 실존의 비애와 가능성을 동시에 생각하게 하는 '바닥론'

또한 이용하 시인은 자신의 감각과 사유를 확장하여 존재의 시원을 상상하는 데에도 매진해 간다. 이때 '시원始原'이란 고고학적 유토피아나 훼손되지 않는 유년기 등을 지칭하지 않는다. 오히려 그것은 우리의 지각으로는 가닿기 어려운 궁극의 차원이기도 하고 어떤 정신적 경지를 은유하는 형상이기도 하다. 이용하 시인은 삶의 비의秘義 혹은 숨겨진 뜻을 내내 직관하면서 바로 그때 체험한 정신적 고양의 순간을 우리에게 들려준다. 때로 그것은 존재 전환의 에너지로 작용하면서 시인을 단호한 의지로 무장하게 해준다. 그 시원의 공간은 종종 '바닥basis/bottom'으로 현상되는데, 이러한 면모야말로 그의 시가 주변에서 중심을 사유해 간 미학적 결정結晶임을 보여주는 사례일 것이다.

담쟁이가 기어서 여린 발로 벽을 한 발 한 발 딛고 서니 곤충들이 오고 새도 앉아서 재잘댔다. 높은 벽이 바닥이 되었다.

종종 돌부리에 걸려 넘어진 나에겐 바닥이 벽이었다. 그때마다 나는 담쟁이가 되었다.
　-「바닥론」전문

이 작품은 '벽'이라는 대상을 '바닥'이라는 공간으로 치환하면서 시작된다. 말하자면 여린 발의 담쟁이가 한 발 한 발 딛고 선 '벽'은 곤충과 새들이 앉아 재잘대는 '바닥'이 된 것이다. 그런데 돌부리에 걸려 넘어지곤 하던 시인에게는 오히려 '바닥'이 '벽'이었던 시절이 있다. 그럴 적마다 담쟁이가 되어 한 발 한 발 기어올랐을 그 모습이 특유의 '바닥론論'을 가능케 해준다. 그의 첫 시집 해설자이기도 한 방산 박제천 선생을 생각하면서 "벽도 없고 바닥도 없는 내 가슴"(「꽃산이 하늘로 옮겨 가다 - 고 방산芳山 박제천 선생님」)이라고 표현한 것 그대로다. 그렇게 이용하 시인은 "모든 것을 갖고 태어난 달팽이"(「라훌라」)처럼 '바닥'이라는 시원의 공간을 오늘도 홀로 걷는다.

　네팔에서 버스를 탔다. 입석까지 만원이었다. 차 한 대 지나갈 만큼만 깎아낸 산길로 중간중간 한 30도쯤 절벽으로 기운 구간들이 있었다. 승객들이 쏠려서 차가 더 기울기라도 하면 까마득한 바닥으로 떨어져 모두 가루가 될 것이었다. 나는 조마조마해서 히말라야 신에게 내내 기도하고 있었다. 하지만 그 구간이 다가와도 다른 승객들은 편안해 보였다. 마침내 그곳에 들어서자 나는 나가떨어지다시피 이리저리 부딪혔지만 현지인들은 자세에 변화가 없었다. 나는 온몸에 힘이 들어가 쥐가 날 지경이었지만 그들은 오히려 힘을 비운 듯했다. 버스에서 내려서 첩첩의 산비탈로 흩어져 가는 그들을 보면서 모름지기 지붕 위에

선 무게중심을 언제나 발바닥에 두어야 한다는 것을 깨달았다.
 −「히말라야 버스」 전문

 이번에는 구체적 장소인 네팔로 왔다. 세계 질서의 엄연한 주변부이지만 가장 원초적이고 깨끗한 신성이 살아있는 그곳에서 시인은 입석까지 만원인 버스를 타고 좁은 산길을 지나간다. 중간중간 절벽으로 기운 구간들이 있는데, 승객들이 쏠려 버스가 기울면 그야말로 바닥으로 떨어질지도 모를 일이다. 히말라야 신에게 기도하던 시인은 승객들의 편안해하는 모습을 바라본다. 온몸에 힘이 들어간 자신과 달리 오히려 힘을 비운 듯한 그들은 이미 '바닥'에 이른 이들의 모습 그 자체였다. 버스에서 내려 첩첩 산비탈로 흩어져 가는 그들을 보면서 시인은 히말라야라는 지붕에서는 "무게중심을 언제나 발바닥"에 두어야 한다고 다짐한다. 히말라야 버스가 건네준 또 한 편의 '바닥론'이다. "극한의 현기증"(「피오르」) 속에서도 동요하지 않는 그들 표정 속에서 시인은 문득 "마음속에/ 절 한 칸"(「불사」)을 짓고 사는 이들의 마음을 보았던 것이다.
 이처럼 이용하 시인은 생성의 광휘보다는 소멸의 잔상殘像에 크나큰 미학적 관심과 감각을 부여하면서, 명료하고 거대한 질서cosmos보다는 모호하지만 선연하게 찾아오는 역동적 혼돈chaos을 택하여 자신의 미학적 정체성을 형성해 간다. 일정한 유목적 자의식을 통해 시집 곳곳에 이러한 이미지군群을 배열

해 간다. 낭만적이고 초월적인 사유로 현저하게 중심을 이동함으로써 그의 시는 평범한 내면 토로나 현실 참여의 차원을 비껴간다. 다양하고 이질적인 형상이 자연스럽게 얽힌 그의 시는 그렇게 삶의 한계와 비전을 동시에 투시하게 된다. 우리는 그의 시를 통해 한편으로는 삶의 바닥과 만나고 한편으로는 한없는 유목 의지로 삶을 크로스하려는 욕망과 만나게 된다. 그때 최종적으로 어떤 실존의 비애와 가능성을 동시에 생각하게 하면서 궁극적으로 우리를 지탱해 주는 '바다'을 한껏 느끼게 되는 것이다. 이용하 시편의 현저한 특장特長이자 가능성이다.

5. 우리 시대의 대안, 생명 지향의 시학

결국 이용하의 시는 달을 품고, 결핍을 넘고, 바닥을 디디면서, 절절한 생명 지향의 시학으로 이월해 간다. 시인은 생명 절멸의 시대에 견딤과 위안을 주는 치유와 긍정의 기록을 단정하게 들려준다. 그것은 폐허의 기억을 묻으면서 생명에 대한 소망으로 시인의 존재 방식을 바꾸려는 역동적 과정일 터이다. 그만큼 그의 시는 지난날들을 호명하면서 그것들을 넘어 생명으로 나아가려는 강렬한 의지를 보여준다. 이러한 긍정의 시 쓰기는 인간의 근원적 존재 방식에 대한 탐구 작업으로 이어져 간다. 이때 그의 시는 암시와 초월을 주음主音으로 삼으면서도 삶의 구체성을 집약하는 미학으로 나아간다. 근원적 질서의 연결망을 통해 발견하는 생명력의 실천만으로도 그의 이번 시집은 시단의 귀감이자 선례가 되어줄 것이다. 먼저 그 생명력의 기원을 살피는 시편이다.

    타이가 유목민들이 새 목초지를 찾아서 영하 40도 혹한을 뚫고 바얀산맥을 넘고 있었다. 야크가 끄는 마차에는 한 덩어리로 모피에 싸인 유목민의 아기와 양과 염소의 어린 새끼들이 서로의 체온을 나누고 있었다. 야영지에 도착하자 어미들이 달려왔다. 해종일 굶어 지친 아기들이 한꺼번에 달라붙어 젖을 빨아대기 시작했다. 저 어린 생명들이 쏟아내는 소리와 박자가 바로 이 세상 음악의 시초였던 것이다.
  ―「음악의 기원」 전문

독일 철학자 쇼펜하우어는 "모든 예술은 음악의 상태를 동경한다"라고 했는데, 이른바 절대예술에 가장 가까운 음악이야말로 가장 신성한 질서가 살아있는 원초적 장르임을 갈파한 말일 것이다. 시인은 새로운 목초지를 찾아 혹한을 뚫고 산맥을 넘는 "타이가 유목민들"을 주목한다. 야크가 끄는 마차에 한 덩어리로 모피에 싸인 채 서로 온기를 나누는 "아기와 양과 염소의 어린 새끼들"은 신성의 거룩한 씨앗들일 것이다. 야영지에 도착하여 어미들이 달려오자 해종일 굶어 지친 아기들은 한

꺼번에 달라붙어 어미의 젖을 빤다. 그때 "저 어린 생명들이 쏟아내는 소리와 박자"가 바로 음악의 시초가 아니었겠는가 하고 시인은 상상해 본다. 그러니 '음악의 기원'은 가장 간절한 생명력이 내지르는 소리에서 시작되었을 것이다. 그 발원지에서 피어난 "그리움이 하염없이 우리 둘레를"(「북극에선 지금」) 지금도 돌고 있는 것이 '음악'이었던 셈이다.

> 바다가 솟아올라 높은 산이 된 곳이었다. 물고기 무리들은 나무가 되어 숲을 이루고 있었다. 나무가 되지 못한 고래들은 산을 그늘로 떠돌았다. 숲에서 한 철 지낸 철새들이 둥지를 떠나가고 있었다. 나뭇잎 몇이 나무를 떠나 팔랑이다가 바닥에 떨어져서 꿈틀거렸다. 나는 그 물고기들을 잡아서 강물에 풀어주었다.
> ―「디아스포라」 전문

이제 시인의 시선과 필치는 "바다가 솟아올라 높은 산이 된 곳"을 향한다. 그곳에는 바다의 흔적이 분명한 "물고기 무리들"이 나무가 되어 숲을 이루고 있다. 고래들은 산을 그늘로 떠돌고 철새들은 둥지를 떠나간다. 나뭇잎들이 팔랑이다가 바닥에 떨어져 꿈틀거릴 때 시인은 '바닥'에 떨어진 물고기들을 잡아 강물에 풀어준다. 그리고 바다가 산으로, 물고기가 나무로 숲으로, 잎들이 물고기가 되어 강물로 각자 흩어지는 것을 '디아스포라diaspora'라고 명명한다. 원래 '이산離散'과 '산종散種'

이라는 양가적 의미를 가진 '디아스포라'가 가장 원초적인 생명의 차원을 획득하는 순간이 아닐 수 없다. 그러한 상상력이 "파도를/ 억누르지 않고 그대로 두면서도/ 그 일렁이는 물결들로/ 세상에서 가장 곧고 아름다운 선을 이루어"(「바다」)내는 바다의 마음과도 연결되지 않았겠는가.

    깡충거미가 히말라야 능선에 법당을 지었다.

    하늘 끝이 지붕이고 땅 끝이 벽이었다.

    거미는 동안거에 들었다.

    산 밑에 탁발하러 간 바람상좌는 돌아오지 않았다.

    하늘이 아주 높아진 날 거미는 몸을 벗었다.

    뒤늦게 돌아온 바람상좌가 법당을 흔들어댔다.

    거미는 먼지로 돌아갔다.
   –「사가르마타」 전문

'사가르마타'는 '하늘의 이마'라는 뜻을 품은 산스크리트어로서 에베레스트산의 현지 이름이다. 시인은 그 하늘의 이마에서 깡충거미가 능선에 법당을 짓자 하늘 끝이 '지붕'이고 땅 끝이 '벽'이었다고 묘사한다. 물론 그 지붕과 벽 역시 모든 존재자들을 지탱해 주는 '바닥'일 것이다. 이제 거미는 동안거에 들고 산 밑에 탁발 간 바람상좌는 돌아오지 않는다. 하늘이 더 높아진 날 거미는 육탈肉脫을 하고, 돌아온 바람상좌가 법당을 흔들자 이내 먼지로 돌아간다. 하늘의 이마는 이 모든 생멸과 순환의 과정을 품고 있다. 그 '사가르마타'에서 시인은 비록 "관절도 이제 겨울철이란 걸 절감하게"(「새봄맞이」) 되기도 하지만, 가장 크고 깊은 '바닥'을 경험하게 될 것이다.

이처럼 이용하는 신성한 가치를 지향하면서도 서정시의 원근법perspective을 현재적 삶의 가능성에 맞추어가는 치열한 동시대적 시인이다. 시인이 스스로 겪은 생활의 구체성에서 종종 소재와 전언을 취하고 있는 것은, 연륜에서도 짐작할 수 있지만, 무엇보다도 한 편 한 편의 실물 속에 그 지향이 뚜렷이 나타나 있다. 삶의 종요로운 경험을 자신의 언어로 세상에 남기는 일은 그에게 부여된 남다른 특권인 셈이다. 시인은 이러한 특권을 생명 지향으로 옮겨가면서 우리 시대의 대안이 어디에 있는지를 끊임없이 암시해 준다. 다양한 경험과 주제로 짜인 듯이 보이는 그의 이번 시집은 그렇게 생명 지향의 시학이라는 구심적 원리로 강하게 응집되어 있는 것이다.

6. '오의奧義'의 목소리들이 들려줄 독자적인 울림

이용하의 시는 사물과의 깊은 교감 속에서 발화되면서 그것들과 등량等量의 몫으로 삶의 궁극성을 발견해 가는 남다른 지혜를 낱낱 구체성으로 보여준다. 소소하고 작은 관성들이 모여 이루어진 것처럼 보이는 삶이 제각기 역사와 실존의 몫으로 진행되어 가는 과정을 노래한 것이다. 우리 시대는 고도로 조직화된 제도에 의해 분배되는 시간의 균질성을 중요 속성으로 삼고 있기 때문에, 시간의 주체가 아니라 시간에 의해 발생하는 소외 현상을 초래하기 십상이다. 이러한 소외를 견디고 넘어서려는 서정시의 기능을 통해 시인은 생명에 대한 열정으로 자신만의 철학적, 예술적 차원으로 도약해 간다. 그의 시는 가장 구체적인 발견의 경지로 나아감으로써 가파른 시대에 맞서는 시적 항체抗體를 길러왔고 삶의 궁극성을 궁구해 가는 서정시의 존재론을 약여하게 보여준 것이다.

서정시는 명료한 의미에 머무르지 않고 다양한 해석 체계 아래 놓이는 가변적 실체이다. 그 의미는 상품 매뉴얼처럼 정연하게 완비되거나 수학 공식처럼 단일한 정답으로 결코 귀일하지 않는다. 비교적 흐름이 안정되어 있고 난해성과는 거리를 둔 작품이라 할지라도 이러한 의미 해석의 원심력은 분명한 속성으로 동반된다. 더구나 최근 우리 시단에 낯설고 난해한 언어를 관성적으로 도입하는 시편이 적지 않게 되었고 이를 통해 미학적 확충을 도모하려는 노력이 빈번하게 나타나고 있다는 점에서, 브레이크 없는 서정시의 원심력이 어떤 정점에 달하고 있다는 점에서, 기억의 원리에 충실하면서 서정시의 불가피한 존재 증명을 수행해 가는 이용하 시인의 존재는 단연 우뚝하다 할 것이다. 그렇게 그는 투명한 기억 속에 남은 시적 대상들을 재현하면서 그것을 생명의 에너지로 다독여 가는 시편을 써가고 있다.

그럼에도 불구하고 이용하의 시에는 '해설'이라는 빈약한 산문으로는 제대로 번안되지 않는 오롯한 상징적, 비유적 권역이 많이 들어있다. '오의奧義'라고밖에 말할 수 없는 그 목소리들이 독자들의 심장 속에서 독자적인 울림으로 빛을 뿌리기를 기대해 본다. 이처럼 빛나는 미학적 성취를 이루어낸 그의 두 번째 시집에 경의와 축하의 말씀을 드리면서, 인간의 역사와 신성한 질서에 대한 긍정의 미학을 보여준 이번 시집을 딛고 넘어, 더욱 깊은 미학적 진경進境으로 나아가기를 마음 깊이 소망한다. 그리고 앞으로도 이용하 시인이 "저 어린 생명들이 쏟아내는 소리와 박자"(「음악의 기원」)를 통해 서정의 견고함과 부드러움을 동시적으로 결합하면서 아름다운 언어 미학을 오래도록 우리에게 들려주기를 희원해 마지않는다.

튜링의 상자

—

초판 1쇄 2025년 12월 1일
지은이 이용하
펴낸이 김영재
펴낸곳 책만드는집

—

주소 서울 마포구 양화로3길 99, 4층 (04022)
전화 3142-1585·6
팩스 336-8908
전자우편 chaekjip@naver.com
출판등록 1994년 1월 13일 제10-927호
ⓒ 이용하, 2025

—

* 본 도서의 판권은 저작권자와 책만드는집에 있습니다.
  본 도서 내용의 전부 또는 일부를 재사용하려면 양측의 동의를 받아야 합니다.
* 잘못 만들어진 책은 구입하신 서점에서 바꾸어 드립니다.

—

ISBN 978-89-7944-914-3 (04810)
ISBN 978-89-7944-354-7 (세트)